BEI GRIN MACHT SICH IHR WISSEN BEZAHLT

- Wir veröffentlichen Ihre Hausarbeit,
  Bachelor- und Masterarbeit

- Ihr eigenes eBook und Buch -
  weltweit in allen wichtigen Shops

- Verdienen Sie an jedem Verkauf

Jetzt bei www.GRIN.com hochladen und kostenlos publizieren

GRIN

Selbstmanagement und Kreativitätstheorien

Das Beispiel einer Fernstudentin unter Mehrfachbelastung

Bibliografische Information der Deutschen Nationalbibliothek:

Die Deutsche Nationalbibliothek verzeichnet diese Publikation in der Deutschen Nationalbibliografie; detaillierte bibliografische Daten sind im Internet über http://dnb.d-nb.de abrufbar.

ISBN: 9783346528629
Dieses Buch ist auch als E-Book erhältlich.

© GRIN Publishing GmbH
Nymphenburger Straße 86
80636 München

Druck und Bindung: Books on Demand GmbH, Norderstedt Germany
Gedruckt auf säurefreiem Papier aus verantwortungsvollen Quellen

Das vorliegende Werk wurde sorgfältig erarbeitet. Dennoch übernehmen Autoren und Verlag für die Richtigkeit von Angaben, Hinweisen, Links und Ratschlägen sowie eventuelle Druckfehler keine Haftung.

Das Buch bei GRIN: https://www.grin.com/document/1146193

EINSENDEAUFGABE

Selbstmanagement

Alternative C

Marketing abgegeben am:

22.09.2021

INHALTSVERZEICHNIS

ABKÜRZUNGSVERZEICHNIS

z.B.   zum Beispiel

BWL   Betriebswirtschaftslehre

ABBILDUNGSVERZEICHNIS

GENDERHINWEIS

Aus Gründen der besseren Lesbarkeit, wird auf die gleichzeitige Verwendung der Sprachformen, männlich, weiblich und divers verzichtet.

In dieser Arbeit wird meist das generische Maskulin verwendet. Weibliche und anderweitige Geschlechteridentitäten werden dabei ausdrücklich mitgemeint.

AUFGABE 1

Es gibt verschiedene Methoden, um die eigenen Prioritäten richtig zu erkennen und Entscheidungen darauf aufzubauen. Im Folgenden werden drei dieser Techniken vorgestellt, die dabei helfen die eigenen Prioritäten zu ermitteln und je nach Bedarf das Leben, den Tag oder die Situation vereinfachen.

1.1 ALPEN-Methode

Die ALPEN-Methode nach Lothar J. Seiwert ist eine Methode, die dabei hilft, den eigenen Tagesablauf effektiv zu planen. Laut des Zeitmanagementexperten Lothar Seiwert „[…] neigen [wir] dazu, uns zu viele Aufgaben in einen Tag zu packen."

Seine Methode des Zeitmanagements visualisiert die einzelnen Aufgabenpunkte, welche zu erledigen sind und wie viel Zeit für diese Aufgaben zur Verfügung gestellt wird. Die ALPEN-Methode beansprucht nur wenige Minuten des Tages und bietet durch eine schriftlich festgehaltene To-Do-Liste einen guten Überblick über die Aufgaben.

ALPEN ist ein Akronym und steht für:

A – Aufgaben, Aktivitäten, Termine

L – Länge, Dauer der Aufgaben

P – Pufferzeit für Unvorhergesehenes/Unterbrechungen einplanen (ca. 50%)

E – Entscheidungen, Prioritäten setzen (ggf. Aufgaben kürzen oder delegieren)

N – Nachkontrolle am Ende des Tages, ggf. Unerledigtes auf den nächsten Tag übertragen

(Arenberg, 2018, S. 96-97; Lippmann, E. & Pfister, A. & Jörg, U., 2019, S. 202-203).

Durch diese Methode kann z.B. ein Tagesablauf zeitlich gut durchstrukturiert und Aufgaben effektiver abgearbeitet werden.

1.2 Eisenhower-Prinzip

Das Eisenhower-Prinzip wurde nach dem früheren US-Präsidenten Dwight David Eisenhower benannt und ist eine bekannte Methode des Zeitmanagements. Die Methode dient vor allem dazu, herauszufinden welche Aufgaben für das anstehende Ziel am effektivsten und Wichtigsten sind. Das Verfahren hilft also unter anderem auch Studenten, die unter Mehrfachbelastung wie z.B. Job, Familie oder Haushalt stehen, indem die Dringlichkeit und die Priorität zu Beginn festgelegt werden. Die Zeit kann effektiver genutzt werden und es wird ein höheres Arbeitsergebnis erreicht. So kann auch vermieden werden, dass Energie in Aufgaben verschwendet wird, die weniger wichtig sind.

Eisenhower unterteilt die einzelnen Aufgaben in A,B,C und D-Aufgaben.

A-Aufgaben sind am wichtigsten, da sie am effektivsten zu der Ziel Erreichung beitragen und somit höchste Priorität haben. In der Regel steht ein fester Termin für die Erledigung fest und die Aufgabe ist unaufschiebbar. Diese Art von Aufgaben sollten persönlich erledigt werden.

B-Aufgaben haben eine hohe Wichtigkeit, jedoch sind sie weniger dringlich und können somit später erledigt werden. B-Aufgaben sollten, ebenso wie die

A-Aufgaben terminiert und persönlich bearbeitet werden.

C-Aufgaben sind zwar sehr dringlich, jedoch nicht so wichtig und können deshalb von einer anderen Person erledigt oder auf einen späteren Zeitpunkt verschoben werden.
D-Aufgaben sind weder wichtig noch dringlich. Sie tragen wenig zum Erreichen des Ziels bei und sollten keine Beachtung bekommen (Seiwert, 2019, S. 71; Fieger& Fieger, 2018, S. 221-222; Fuhrmann, 2018, S. 106-107).

	Dringlich	Weniger dringlich
Wichtig	**A** Aufgaben sofort selbst erledigen	**B** Terminieren und später persönlich erledigen
Weniger wichtig	**C** Delegierbare Aufgaben, wenn nicht möglich nach B erledigen	**D** Ohne Dringlichkeit, nicht bearbeiten

Abbildung 1: Eisenhower-Prinzip (eigene Darstellung)

1.3 SMART-Methode

Die SMART-Methode bietet Hilfestellung bei dem Formulieren von Zielen. Sie stellt eine Regel dar, nach welchen Kriterien ergebnisorientierte Ziele formuliert werden sollen.

SMART steht erneut für ein Akronym und bedeutet:

S – Spezifisch

M – Messbar

A – Attraktiv

R – Realistisch

T – Terminiert

Spezifisch steht dafür, dass das Ziel klar und eindeutig sein sollte.

Messbar bedeutet, dass zeitliche Angaben wichtig für die Messung des Erreichens des Ziels sind und Etappenschritte mit in die Zielformulierung mit aufgenommen werden sollten, da so ein Fortschritt gut nachweisbar ist.

Attraktiv sollte ein Ziel immer gestaltet werden, damit die Motivation höher ist.

Ein Ziel sollte stets realistisch formuliert werden. Jeder Mensch mag Herausforderungen, doch Ziele sollten stets so gesetzt werden, dass sie auch erreicht werden können, um Enttäuschungen zu vermeiden.

Ein fester Termin dient dazu, die Aufgaben besser zu planen und dem Ziel möglichst schnell nah zu kommen (Becker, 2018, S. 116).

1.4 Methoden des Zeit- und Selbstmanagements während eines Fernstudiums

Ein Studium neben einem Beruf, Familie, Freunden und Freizeit ist nicht einfach und kann auch als eine extreme Mehrfachbelastung bezeichnet werden.

Methoden aus dem Bereich des Zeit- und Selbstmanagements helfen den Studenten dabei, ihren Tagesablauf gut und effizient zu planen. Oft nehmen die Methoden nur wenige Minuten in Anspruch und helfen dabei, den ganzen Tag zu vereinfachen. Einige Methoden helfen auch dabei ganze Wochen oder sogar Monate zu planen und zu strukturieren, welches für ein Student mit Familie und Beruf höchstwahrscheinlich notwendig ist.

Zu Anfang sollte der Student sich seine eigene To-Do-Liste mit allen wichtigen Terminen von Klausuren bis hin zu Aufgaben und Präsentationen erstellen und sie in eine zeitliche Reihenfolge bringen. Das verschafft einen groben Überblick. Lernphasen vor den Klausuren sollten berücksichtigt werden und ggf. separat aufgeschrieben werden, um einen realistischen Zeitplan erstellen zu können.

Jetzt kann die To-Do-Liste schriftlich in die vier Prioritätsstufen nach dem Eisenhower-Prinzip zum Beispiel eingeordnet werden. Sobald alle Aufgaben und Termine nach Dringlichkeit und Wichtigkeit sortiert sind, kann der Student sich auf die Abarbeitung der Aufgaben konzentrieren.

Schriftlich fixiert hat der Student seine Ziele immer im Blick und kann regelmäßig prüfen, ob er noch auf dem richtigen Weg ist. Er kann auch Pläne überarbeiten und auf den Folgetag vertagen, wenn nötig.

Es ist von Vorteil, Ziele deutlich zu formulieren und Termine fest zu vereinbaren, wie zum Beispiel: „Ich schließe die Einsendeaufgabe zwei Wochen vor dem Abgabedatum mit 2,0 ab." Sich seine Ziele so zu formulieren ist besser, als nur festzuhalten: „Ich möchte die Einsendeaufgabe abgeben." Oder „Ich möchte die Aufgabe innerhalb von 5 tagen erledigt haben."

<u>Beispiel:</u>

To-do Liste:

- BWL-Klausur 20.09.2021 + lernen
- Gelesene Emails löschen
- Online Marketing Einsendeaufgabe 30.12.2021 + Bearbeitungszeit
- Neue Ordner kaufen

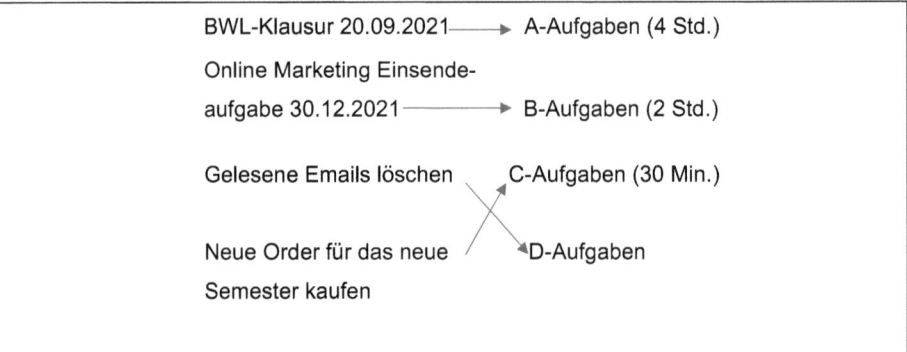

Abbildung 2: Unterteilung der Aufgaben nach Prioritäten (eigene Abbildung)

Zu jeder einzelnen Aufgabe schätzt der Student eine ungefähre Dauer, die er zur Erledigung benötigt. Er plant auch einen Puffer ein, der nochmal etwa 50% der geplanten Zeit ist, um Unvorhersehbares, wie zum Beispiel Krankheiten oder technische Probleme auszubalancieren. So kommt der Student nicht so schnell in Stresssituationen und hat schneller kleine Erfolgserlebnisse. Zusätzlich können auch kleinere Aufgaben auf die To-Do-Liste geschrieben werden, um Erfolgserlebnisse öfter zu erleben und ein positives Gefühl gegebenüber dem Tag stets zu behalten.

Zusätzlich sollte jeder Student seine Ziele positiv und realistisch formulieren, konkret und terminiert. Er sollte gefordert aber nicht überfordert werden und dabei unterstützend können kleine Ziele auf dem Weg zum Ziel sein.

Ein fester Plan durch z.B. das Eisenhower-Prinzip gibt dem Studenten mit Mehrfachbelastung eine gewisse Sicherheit und hilft mental ausgeglichen zu sein. Es gibt dem Studenten neben der Universität mehr Zeit für weitere Aktivitäten.

Die SMART-Methode kann dem Eisenhower-Prinzip vorausgehen, wenn der Student sich unsicher über Ziele und Aufgaben ist. Muss sich der Student mit seinen Aufgaben im Studium zum Beispiel erst einmal vertraut machen und Abgabedaten ermitteln, kann er auch zu Beginn die Ziele formulieren und schriftlich festhalten, bevor er dann alles in einen zeitlichen Rahmen einsortiert.

Zeitmanagementmethoden anzuwenden ist zusammenfassend sehr hilfreich für jeden Mensch, der einer extremen Mehrfachbelastung ausgesetzt ist und kann durch einen strukturierten Alltag für genügend Ausgleichzeit sorgen.

2. AUFGABE 2

2.1 PowerPoint als Präsentationsmedium

Geschaffen wurde PowerPoint 1984 ursprünglich für Verkaufssituationen und den Gebrauch in privatwirtschaftlichen Firmen (Adams, 2008, S.10).

Vor 37 Jahren entwickelte die Firma Forethought ein Softwareprogramm, mit dem es möglich war, Folien zu entwerfen und diese zum Verkauf einzusetzen. PowerPoint wurde schnell erweitert genutzt und zusätzlich zu den Folien wurden audiovisuelle Beiträge ausgearbeitet, die ergänzend zu den Folien vorgetragen werden, um die potenziellen Kunden oder Zuhörer noch mehr zu begeistern.

Heute gilt PowerPoint als „Medium des Lehrens und Lernens" und ist in den unterschiedlichsten Bereichen, von Schule bis Unternehmen, nicht mehr wegzudenken (Adams, 2008, S. 8).

Doch wie geeignet ist PowerPoint eigentlich als Präsentationsmedium? Diese Frage wird im Folgenden näher betrachtet.

2.2 Kritische Betrachtung der Effektivität von PowerPoint

PowerPoint steht für die „The power to the point" also die Macht des Zeigens. Wer sich dazu entscheidet eine Power Point gestützte Präsentation vorzutragen, unterstützt seinen mündlichen Vortrag mit Bildern und Texten.

Die erste Reaktion auf die Frage nach PowerPoint ist oft positiv. Viele denken PowerPoint ist unterstützend und hilfreich. Die Visualisierung von Inhalten ist lernfördernd für viele Zuhörer und ein Vortrag wird durch Bilder, Audios und Texte abwechslungsreich.

Da PowerPoint ein sehr weit verbreitetes Software-programm ist und viele Menschen das Programm gut durch z.B. Schule und Studium beherrschen, wird es sehr oft eingesetzt und wirkt als sehr beliebt.

Die Erstellung der Folien hält PowerPoint seit Beginn zusätzlich auch recht einfach und benutzerfreundlich, da auch Designformate und andere Gestaltungsmöglichkeiten angeboten werden.

Doch ist PowerPoint nun effektiv oder doch nicht so hilfreich wie oft gedacht?

Unterschiedliche Befragungen, Studien und Untersuchungen kommen zu den unterschiedlichsten Ergebnissen, was die Effektivität von PowerPoint als Präsentationsmedium betrifft.

Die Folien unterstützen zwar den Denkprozess in der Regel, ähnlich wie ein Untertitel bei einem Film, jedoch muss das Publikum in der Lage sein komplex zu Denken und alle Eindrücke gleichzeitig wahrnehmen zu können. Es ist also eine hohe Konzentration gefordert, was oft zu Problemen führt. Entweder ist die Herausforderung zu groß oder der Vortrag nicht interessant genug und die Zuhörer schalten ab (Adams, 2008, S.23).

Lediglich ein paar Schlüsselbegriffe pro Folie haben den Effekt, dass sich die Zuhörer die Inhalte besser einprägen können, da Sachverhalte vereinfacht und präzise dargestellt werden (Schneider, 2015, S.94).

Werden pro Folie aber nur wenige Schlüsselwörter aufgelistet, kann es vorkommen, dass zusammenhängende Inhalte aufgrund ihrer Komplexität und vieler Details auf mehrere Folien hintereinander verteilt dargestellt werden. Dies kann zu einer Unterbrechung des Präsentationsflusses führen, welches sich auf die Aufmerksamkeit der Zuhörer negativ auswirken kann, da der inhaltsbezogene Denkfluss gleichermaßen unterbrochen wurde (Schneider, 2015, S. 98).

Wenig Inhalt pro Folie wird auch Sequencing genannt (Arenberg, 2015, S. 95). Zuhörern wird so erschwert, Inhalte den zusammenhängenden Kontexten zuzuordnen und Beziehungen zu verstehen.

Es kann auch passieren, dass wichtige Punkte in einer Masse von Folien untergehen. Wenn Informationen in immer kleinere Unterpunkte zerlegt werden, ist es schwer bedeutend von unbedeutend zu unterscheiden (Adams, 2008, S.26-27). Zuhörer schalten ab, wenn das Gesprochene nicht zu den Folien passt und der Vortrag nicht gut vorbereitet ist. Auch die Sicherheit des Vortrages spielt mit in die Effizienz einer PowerPoint und es ist von hoher Bedeutung, dass der Präsentator die Präsentation gut beherrscht und auf spontane Fragen vorbereitet ist.

In der Regel wird bei PowerPoint mit Bullet Points gearbeitet, um so Ablesen des Präsentators und ein Abschalten der Zuhörer zu vermeiden. Doch auch das „Bulleting" hat Nachteile, wie die Ähnlichkeit viele PowerPoint-Präsentation durch die hohe Ähnlichkeit der Folien. Die Ähnlichkeit vieler Präsentationen ist aber auch durch die oben bereits erwähnten Templates und Vorlagen der Software zu verdanken.

Die Qualität der Präsentation einer Power-Point-Präsentation hängt von der Gestaltung der einzelnen Folien ab. Wählt der Präsentator einen schlichten Hintergrund und eine gut leserliche und geeignete Schriftgröße und -art, wirkt sich das positiv auf die

Präsentation aus. Überfüllt der Präsentator maßlos mit Effekten und verschiedenen Farben, ist der Zuhörer schnell überfordert und reizüberflutet.

Vergleicht man andere Präsentationsmedien, wie ein Flipchart oder ein Overheadprojector mit PowerPoint, so bietet PowerPoint schon ausgezeichnete Visualisierungsmöglichkeiten, gerade bei komplexen Themen (Schneider, 2015, S.100-101).

Nachträgliche Änderung sind kein Problem und wenn die der Vortrag gut auf die Präsentation abgestimmt ist und sie sich gut ergänzen, kann es durchaus sehr lernfördernd sein. Dennoch ist festzuhalten, dass es keine wissenschaftlichen Belege für oder gegen eine Untermauerung durch PowerPoint gibt und auch Kritiker, die der Meinung sind, dass erfolgsversprechende Vorträge in einigen Branchen mit PowerPoint unmöglich sind, können richtig liegen.

Sicher ist, dass ein hoher Prozentteil der Erfolgsdavon abhängt, wie die Präsentation im Detail gestaltet und vorgetragen wird. Wenn das Präsentationsmedium richtig eingesetzt wird, hat es also oft eine positive Auswirkung auf den Vortrag, wird es allerdings nicht perfekt eingesetzt, kann es sogar negative Auswirkungen haben.

AUFGABE 3

Zeit ist das Medium in dem wir Leben. „Zeit ist ein wertvolles Gut, weil sie weder käuflich erworben, angespart oder vermehrt werden kann." (Hermann & Wetzel, 2018, S. 181).

Mit der Frage ‚Was ist Zeit?' beschäftigen sich Wissenschaftler schon seit Jahrtausenden.

Zeit gliedert Vergangenheit, Gegenwart und Zukunft und ist ein kontinuierliches Fortschreiten (Arenberg, 2018, S.69; May, 2015, S. 67). Zeit gibt uns Menschen die Möglichkeit, die Übergänge von Vergangenheit, Gegenwart und Zukunft wahrzunehmen.

Zeit ist immer an Ereignisse gebunden, die wir erleben (Zeitwahrnehmung), die wir bewirken oder beeinflussen (Zeitverhalten) und auf die wir uns hin orientieren (Zeitordnung).

Es ergeben sich verschiedene Vorstellungen von Zeit, wenn man aus unterschiedlichen wissenschaftlichen Perspektiven schaut.

Heraklit von Esphesos beschreibt fünf verschiedene Zugänge. Alle fünf Punkte sind wichtige Bestandteile zum Umgang und zum Verständnis von Zeit.

Der eine Zugang ist die Psychologie (Zeiterleben, Lebenstempo), also die subjektive Wahrnehmung von Zeit, dem Zeiterleben, dem Zeitbewusstsein und dem Lebenstempo (Arenberg, 2018, S.71). Auch zu erwähnen ist die Soziologie (Gesellschaft und Zeit), also die Entstehungsbeziehungen von Zeit. Ein weiterer Zugang ist die Physik (physikalische Zeitmessung). Die vierte wissenschaftliche Sicht ist die Ökonomie (Ressourcen und Zeit), wie z.B. Arbeitsleistung und nicht zu vergessen ist die Biologie (Chronologie), also die Veränderung im Organismus in Abhängigkeit von Zeit. Die Chronobiologie thematisiert Veränderungen im Organismus in Abhängigkeit von Zeit, welche oft zyklisch und wiederkehrend sind und in der

Alltagssprache wird die Chronobiologie gleichgesetzt mit der Inneren Uhr (Arenberg, 2018, S. 71-72).

Es gibt verschiedene innere Rhythmen und eine innere Uhr sowohl bei Menschen als auch bei Tieren.

Individuelle Unterschiede der inneren Uhr nennt man Chronotypen und sie sind ein biologisches Merkmal. Sie werden also in Abhängigkeit von dem Alter, den Genen, dem Geschlecht und der Lichtexposition bestimmt (Arenberg 2018, S. 72-73).

Es wurde festgestellt, dass Menschen, die nicht in Übereinstimmung mit ihrer inneren Uhr leben, einem höheren Risiko für metabolische Störungen, neurodegenerative Erkrankungen und Schlafstörungen ausgesetzt werden (Arenberg, 2018, S. 72).

Abweichungen zwischen vorgegebenen Uhrzeiten, wie Arbeitsbeginn und Termine, und der inneren Uhr, können zu einem sozialen Jetleg führen. Ein sozialer Jetleg ist ein Phänomen, das auftritt, wenn beide Uhren voneinander abweichen und das zu Problemen wie Depressionen oder Schlafstörungen führt. Kompensiert werden diese Defizite oft über Hilfsmittel, wie Schlafmittel oder Koffein. Doch auch durch diese Hilfsmittel kann ein gesundheitlicher Schaden die Folge sein (Arenberg, 2018, S. 73).

Ein gutes Zeichen für emotionale und physische Gesundheit ist, wenn der Mensch positiv über die Zeit denkt und in der Gegenwart, dem Hier und Jetzt, lebt. Denn so kommt der Mensch mit der Vergangenheit klar und ihm ist bewusst, dass er seine Zukunft steuern kann.

Das eigene Zeitbewusstsein ist sehr wichtig. Zu dem Zeitbewusstsein gehört nach Plattner das Zeiterleben, der Umgang mit der Zeit und die Zeitperspektive. Alle drei Komponenten ergänzen sich und bilden das Zeitbewusstsein.

Das Zeiterleben wird von verschiedenen Faktoren beeinflusst, wie zum Beispiel die Persönlichkeit, begleitende Emotionen und Kognitionen, das Lebensalter, die Körpertemperatur, Drogen, Stimmung Aktivität, Stoffwechsel, psychopathologischer Status und Psychopharmaka.

Die Zeitperspektive ist eine Orientierung und der eigene Bezug der Menschen zu der Vergangenheit, Gegenwart und der Zukunft. Durch die Zeitperspektive kann der Mensch Erlebnisse einer zeitlichen Skala gedanklich einordnen (Arenberg 2018, S. 77; Konowalczyk, 2017, S.70-72). Jeder Mensch hat eine unterschiedliche zeitliche Orientierung.

Zimbardo und Boyd unterscheiden dabei sechs unterschiedliche Zeitperspektiven innerhalb der drei Zeitdimensionen. Dazu entwickelten sie im Jahr 1997 den Fragebogen Zimbardo Time Perspective Inventory, auch ZTPI genannt. Durch diesen Fragebogen können Menschen herausfinden, an welcher Zeitperspektive sie sich orientieren (Konowalczyk, 2017, S. 80).

Zu den vergangenheitsorientierten Zeitperspektiven gehören die positive Vergangenheit, also die positive Sicht auf die Vergangenheit durch positive Erlebnisse oder die negative Vergangenheit. Die negative Vergangenheit ist eine durch Verlust oder schweren Entscheidung geprägt und beschreibt

Menschen mit einer negativen Sicht auf die Vergangenheit.

Gegenwartsorientierte Zeitperspektiven beinhalten zum einen die hedonistische Gegenwart und zum anderen die fatalistische Gegenwart. Mit der hedonistischen Gegenwart sind Menschen gemeint, die im Hier und Jetzt leben, risikobereit und abenteuerlustig sind. Die fatalistische Gegenwart umfasst verzweifelte und hilflose Menschen ohne Ausweg.

Zwei Zeitperspektiven, die zukunftsorientiert sind zum einen die transzendentale Zukunft, also eine esoterische Perspektive auf die Zukunft, und zum anderen die Menschen, die Aufgaben und Handlungen im Hinblick auf ihre Ziele Plan (Arenberg, 2018, S.77-78).

Das Alter hat einen sehr hohen Einfluss auf die unterschiedlichen Zeitorientierungen, denn Menschen mit 45 Jahren sehen die Welt und die eigene Zukunft ganz anders als Kinder. Denn erst im Erwachsenenalter bekommt der Realitätsbezug eine höhere Bedeutung. Dieser Wandel wird auch Optimismus-Realismus-Debatten genannt.

Zimbardo und Boyd empfehlen eine ausgeglichene Zeitperspektive, die insgesamt positiv gewichtet sein sollte. Dabei schafft eine hedonistische Gegenwart Motivation und Lebensfreude, eine positive Vergangenheitsorientierung Kontinuität und die Zukunft gibt Hoffnung (Arenberg, 2018, S.78; Konowalczyk, 2017, S. 78).

Eine Fernstudentin, die neben ihrem Studium arbeitet und eine Familie mit zwei Kindern hat, ist einer sehr starken Mehrfachbelastung ausgesetzt.

Wenn versucht wird, den hohen Anforderungen in der Berufswelt, den Erwartungen der Familie und der Universität gerecht zu werden, ist oft eine Überforderung festzustellen. Hier ist festzuhalten, dass all diese Anforderungen im Konflikt miteinander stehen und die Studentin versucht allem gerecht zu werden und eigene Bedürfnisse dabei nicht zu vernachlässigen. Um all dies zu bewältigen, sind Methoden für das Zeitmanagement empfehlenswert, denn die Anforderungen können ohne eine feste Struktur zu übermäßigem Zeitdruck und Stress ausarten. Um also Studium, Beruf, Familie und die eigenen Bedürfnisse nebeneinander zu meistern, sollte die Studentin ein Organisationstalent sein. Ein strukturierter Tages- oder Wochenplan mit realen Zielen und ausreichend Pufferzeit gestalten das eigene Arbeits- und Freizeitverhalten effektiver und stressfreier (Rusch, 2014, S.121). Dabei sollte die Studentin stets ihr Ziel im Blick behalten und es gegebenenfalls öfter anpassen.

Zeitmanagementmethoden anzuwenden sind in der heutigen Gesellschaft unumgänglich, da die Anforderung nicht nur in den schulischen, sondern auch in den sozialen Bereichen enorm angestiegen sind.

Der Soziologe nennt die Erhöhung des Lebenstempos in den letzten Jahrzehnten eine soziale Beschleunigung. Sie stellt das Grundprinzip unserer Gesellschaft dar und es ist nicht möglich, sich dem zu entziehen (Arenberg 2018, S.80).

Die Wahrnehmung von Zeit ist sehr individuell und maßgeblich durch aufeinanderfolgende Ergebnisse, Dauer und Schnelligkeit geprägt. Von vielen

Individuen wird freie Zeit als sehr kostbar empfunden, da das erhöhte Lebenstempo der letzten Jahre oft zu Zeitknappheit führt (Hermann & Wetzel, 2018, S.182).

Genau daraus entwickelt sich der sogenannte Zeitdruck, der sich sowohl positiv als auch negativ auswirken kann. Wie bei der Fernstudentin zu sehen, kann die Freiheit der Menschen durch die Mehrfachbelastung stark eingeschränkt werden und andererseits wird durch die stramme Zeitplanung ein Rahmen erstellt, der der Studentin Orientierung gibt (Frey, 2017, S.102).

Zeitmanagementmethoden können zusätzlich auch dabei helfen, den Zeitdruck zu verringern, zu verhindern oder auszugleichen (Frey, 2017, S.107).

Die Studentin ist außerdem der Gefahr der Aufschieberitis ausgesetzt. Das Aufschieben von unangenehmen Aufgaben ist ein allgegenwärtiger Fehler in der Selbstregierung, der sich durch das Verzögern negativ auf die Leistung und die psychische Gesundheit der Studentin auswirken kann. Negative Folgen einer Aufschieberitis könnten für die Fernstudentin schlechtere Noten, nicht erreichte Bildungsziele oder Beeinträchtigung des Wohlbefindens sein. Der Aufschieberitis ist auch mit Zeitmanagementmethoden entgegenzuwirken.

Auch ist es möglich, sich Stresssituationen bewusst zu machen und ihnen gezielt entgegen zu wirken. Wenn sich die Studentin also bewusst macht, welche körperlichen, physischen, sozialen und materiellen Ressourcen ihr zur Verfügung stehen, kann sie diese gezielt einsetzen (Rusch, 2014, S. 5-7). So kann sie zum Beispiel für die nächsten

Klausuren lernen, während die Kinder in einer Schulbetreuung unterkommen.

Zusätzliche Störfaktoren, die der Studentin neben der oben beschriebenen Mehrfachbelastung die Zeit stehlen, sollten sich bewusst gemacht und eliminiert werden. So kann die neu gewonnene Zeit effektiver genutzt werden.

Auch die Beachtung des individuellen Chronotypen kann der Fernstudentin helfen, mit der Mehrfachbelastung umzugehen. Ist die bspw. ein Morgenmensch, so sollte sie sich um die Vokabeln in der Früh kümmern, wenn die Familie noch schläft und nicht an einem Dienstagabend nach der Arbeit.

Das Fernstudium ist dafür die optimale Lösung. Die Studentin kann selbst festlegen, wann sie Zeit hat sich ihrem Studium zu widmen und kann sich ihre Zeiten flexibel einteilen.

Es ist ein schmaler Grat zwischen Forderung und Überforderung, sodass das Maß des Zeitdrucks besser nicht überspannt werden sollte. Ein weiteres Hobby mit festgelegten Trainingszeiten, ist aktuell unter anderem wahrscheinlich nicht sehr empfehlenswert für die Studentin.

Das sollte nicht falsch verstanden werden, da ein Ausgleich zu haben für die Studentin von hoher Bedeutung ist. Sport, eine gute Ernährung und ein ausgewogenes soziales Umfeld sind sehr wichtig und sollten daher nicht zu kurz kommen.

Die Zeit zu genießen während viel Verantwortung getragen wird ist schwer. Jedoch sollte nie der Spaß und die Freude vergehen, denn die Zeit bekommt man nicht zurück. „Zeit ist ein wertvolles Gut, weil sie weder käuflich erworben, angespart oder

vermehrt werden kann." (Hermann & Wetzel, 2018,
S. 181)

LITERATURVERZEICHNIS

Adams, C. (2008). PowerPoint, Denkgewohnheiten, Unterrichtskultur
Verfügbar unter:
https://www.pedocs.de/volltexte/2012/1095/pdf/ErzWiss_2008_36_Adams_P
owerPoint_Denkgewohnheiten_D_A.pdf (Zugriff am 21.09.2021)

Arenberg, P. (2015). Studienbrief SRH Fernhochschule Kreativitäts- und
Präsentationstechniken. Titel Nr. 0246-04
Verfügbar unter:
https://fhsr.sharepoint.com/sites/files/content/material/0246/0246_INT.pdf (Zugriff am
15.09.2021)

Arenberg, P. (2018). Studienbrief SRH Fernhochschule Selbst- und
Zeitmanagement. Titel Nr. 1410-01
Verfügbar unter:
https://fhsr.sharepoint.com/sites/files/content/material/1410/1410_INT.pdf (Zugriff am
15.09.2021)

Becker, J. H. (2018). Selbst- und Zeitmanagement in Praxishandbuch berufliche
Schlüsselkompetenzen (S. 113–124). Berlin, Heidelberg: Springer Berlin Heidelberg

Fieger, J. & Fieger, K. T. (2018). Führung ist erlernbar. Mit Struktur zur erfolgreichen
Führungskraft. Wiesbaden: Springer Gabler. E-Book verfügbar unter:
https://link.springer.com/content/pdf/10.1007%2F978-3-658-22197-3.pdf

Frey, D. (2017). Psychologie der Sprichwörter. Weiß die Wissenschaft mehr als
Oma? Berlin, Heidelberg: Springer. E-Book verfügbar unter:
https://link.springer.com/content/pdf/10.1007%2F978-3-662-50381-2.pdf

Fuhrmann, B. (2018). Stark führen. Aktivierend, effizient und wirkungsvoll agieren.
Wiesbaden: Springer Gabler

Lippmann, E., Pfister, A., Jörg, U. (2019). Handbuch Angewandte Psychologie für
Führungskräfte. Führungskompetenz und Führungswissen. (5. Auflage) Springer
Verfügbar unter:
https://books.google.de/books?hl=en&lr=&id=w8pwDwAAQBAJ&oi=fnd&pg=PR5&dq
=Handbuch+Angewandte+Psychologie+für+Führungskräfte.+Führungskompetenz+u
nd+Führungswissen.+(2018)+(5.+Auflage)+Springer&ots=5qOeungBRi&sig=K5ijnxj
N2B3ZAI8DXLxfYeJNc2Y#v=onepage&q=Handbuch%20Angewandte%20Psycholog
ie%20für%20Führungskräfte.%20Führungskompetenz%20und%20Führungswissen.
%20(2018)%20(5.%20Auflage)%20Springer&f=false

Herrmann, H.-P. & Wetzel, P. (2018). Das Zeiterleben im Urlaub in Fernweh und
Reiselust - Streifzüge durch die Tourismuspsychologie (S. 181–184). Berlin,
Heidelberg: Springer

Konowalczyk, S. (2017). Zeitperspektiven von Jugendlichen. Pädagogische
Grundlagen und empirische Befunde im Kontext des Sports. Wiesbaden: Springer
Fachmedien Wiesbaden

May, S. (2015). Praxishandbuch Chefentlastung. Der Leitfaden für effizientes Zeitmanagement, Selbstmanagement und Informationsmanagement im Office (2. Aufl.). Wiesbaden: Springer Gabler

Rusch, S. (2014). Stress Management. In M. Leung, C. L. Cooper & I. Y. S. Chan (Eds.), Stress Management in the Construction Industry (S. 1–193). Hoboken: Wiley

Schneider, M. (2015). Gute Hochschullehre: Eine evidenzbasierte Orientierungshilfe. Berlin: Springer Berlin Heidelberg.
 Verfügbar unter: https://link.springer.com/content/pdf/10.1007%2F978-3-662-45062-8_5.pdf (Zugriff am 11.09.2021)

Seiwert, L. (2014). Das 1x1 des Zeitmanagements. Gräfe und Unzer Verlag GmbH

BEI GRIN MACHT SICH IHR WISSEN BEZAHLT

- Wir veröffentlichen Ihre Hausarbeit, Bachelor- und Masterarbeit

- Ihr eigenes eBook und Buch - weltweit in allen wichtigen Shops

- Verdienen Sie an jedem Verkauf

Jetzt bei www.GRIN.com hochladen und kostenlos publizieren